# 54x13

Die französische Originalausgabe erschien 1996
unter dem Titel »54 x 13« bei Librairie L'Atalante
F-44000 Nantes


Untere Weißgerberstr. 63
A-1030 Wien

1. Auflage Juni 2017
ISBN: 978-3-903183-02-5
Übersetzung: Stefan Rodecurt
Autorenfoto: © L'Atalante
Coverillustration: © Marc Locatelli
Grafische Gestaltung und Satz:
Clemens Toscani, www.toscani.at

# 54x13

## DIE TOUR DE FRANCE

***nach Jean-Bernard Pouy***

Aus dem Französischen von
Stefan Rodecurt

egoth sport

## *Zum Titel*

*Mit »54 x 13« ist die Übersetzung eines Fahrrades gemeint. Sie ist bei Renn- und Hobbyfahrern eine regelrechte Obsession: »Welche legst du auf?«, »was hast du gekettet?« Sie wird durch zwei Zahlen ausgedrückt: die Anzahl der Zähne auf dem vorderen Kettenblatt und die auf dem hinteren Zahnkranz (Ritzel). Vereinfacht gesagt: je größer die erste Zahl und je kleiner die zweite, desto größer die Übersetzung. Sie ist ein Indiz für zwei wichtige Dinge: die Steigung der Straße und die Tagesform des Fahrers.*

## Inhaltsverzeichnis


| | |
|---|---|
| Personenregister | 6 |
| Prolog | 10 |
| Das 1. Wegmüller'sche Gebot | 16 |
| Das 2. Wegmüller'sche Gebot | 21 |
| Das 3. Wegmüller'sche Gebot | 25 |
| Das 4. Wegmüller'sche Gebot | 30 |
| Das 5. Wegmüller'sche Gebot | 36 |
| Das 6. Wegmüller'sche Gebot | 76 |

| | | | | | |
|---|---|---|---|---|---|
| 54/1 | 12 | 54/12 | 27 | 13/4 | 56 |
| 54/2 | 12 | 54/13 | 31 | 13/5 | 57 |
| 54/3 | 13 | 54/14 | 31 | 13/6 | 59 |
| 54/4 | 14 | 54/15 | 32 | 13/7 | 60 |
| 54/5 | 14 | 54/16 | 37 | 13/8 | 60 |
| 54/6 | 15 | 54/17 | 39 | 13/9 | 65 |
| 54/7 | 18 | 54/54 | 53 | 13/10 | 67 |
| 54/8 | 18 | | | 13/11 | 71 |
| 54/9 | 22 | 13/1 | 54 | 13/12 | 74 |
| 54/10 | 23 | 13/2 | 54 | 13/13 | 75 |
| 54/11 | 27 | 13/3 | 55 | | |

## Personenregister

### Reale Personen

**Djamolidine Abdoujaparov,** usbekischer Sprinter der Neunzigerjahre. »Abdou«, der »Terror von Tashkent«, wie ihn seine Rivalen wegen seiner draufgängerischen Fahrweise gerne nannten, kam im Jahr 1991 kurz vor dem Ziel selbst zu Fall, als er auf den Champs-Élysées mit einem Absperrgitter kollidierte. Von seinen Teamkollegen gestützt, rollte er doch noch über die Ziellinie und verteidigte sein Grünes Trikot.

**Ardoisier,** Offizieller, der auf einem Begleitmotorrad dem Ausreißer den Zeitabstand auf den(die) Verfolger per Kreidetafel anzeigt, ein Relikt aus alten Zeiten. Auch Bistro-Wirte griffen zu Kreide, notierten nach jeder Etappe die drei Erstplatzierten und stellten die kreidebeschriebene Tafel vor den Eingang. Das war in einer Zeit, als es noch keine Bewegtbilder gab.

**Fabio Casartelli,** der italienische Olympiasieger von 1992 prallte auf der Abfahrt vom Col de Portet d'Aspet in einer Kurve mit dem Kopf gegen einen Begrenzungsstein (1995) und erlag wenig später seinen schweren Kopfverletzungen.

**Pa-pa,** scherzhafte Anspielung auf den runden, flüssigen Pedaltritt. Ein Tritt entspricht 180 Grad, demnach Pa; die ganze Pedalumdrehung wäre Pa-pa.

**Rouleur,** jemand mit der Fähigkeit, lang und hart Tempo zu machen.

## Fiktive Personen

Natürlich sind alle handelnden Personen frei erfunden. Der Verlag hofft, nicht allzu heftig auf die Zehen irgendwelcher Namensvetter getreten zu haben.

**Alguimantas Kilpis,** litauischer Fahrer, bärenstark, nicht totzukriegen.

**Fons Demoens,** Belgier mit Finisseurqualitäten.

**Lilian Fauger,** Grünschnabel aus Dünkirchen, blauäugig noch dazu, aber mit großen Ambitionen.

**Jacques Hondeghen,** gewiefter Sponsor und Textildiscounter, der sich dank seiner bunt zusammengewürfelten Wor-Truppe TV-Präsenz zum Schnäppchenpreis verspricht.

**Jan,** aufgehender Stern am deutschen Radsport-Himmel in den späten Neunzigern.

**Georges Matord,** hartgesottener Teamchef des Radrennstalls Wor. Ihm ist der Sponsor näher als das fahrende Personal, das er wie Leibeigene auf Zeit behandelt.

**Raymond,** Mechaniker, Spitzname »Mozart«, mit feinem Gehör für den Rundlauf der Räder. Er könnte bald in Rente gehen, möchte aber den surrenden Klang der Rennräder nicht missen.

*Für Thomas Wegmüller*

## Prolog

Radfahren ist hart. Ein Radrennen ist überaus hart. Die Tour de France ist verdammt hart. Wer Übertragungen der Tour sieht, bekommt eine genaue Vorstellung davon, was es heißt, in die Pedale zu treten. Manchmal winkelt man schon allein beim Zuschauen die eigenen Beine an, aus Solidarität. Wenn man über Radsport schreibt, wird der eine oder andere Leser sich in einem weich gepolsterten Sessel zurücklehnen: das Buch in der einen Hand und ein Glas Wein in der anderen. Damit nun die Leserin, der Leser ein bisschen mitleidet - ein ganz klein bisschen, darf das Streckenprofil, das der Held abspult, natürlich nicht fehlen. Wenn Sie dieses Buch quer halten, dann bekommen Sie einen gewissen Eindruck davon, was kurze Aufstiege, kleine Anstiege, halsbrecherische Abfahrten oder welliges Terrain sind, zumindest theoretisch. Steigt die Route an, so wird die Zeile im Buch kürzer, bis sie bei einer Steigung um zehn Prozent nur ein Wort umfasst, dann geht der Atem stoßweise, das rasende Herz droht - gleich nach den Waden - zu explodieren und der Sprint wird lanciert.

Wenn es bergab geht, das Blut wieder zurück in die Beine schießt, die Lunge aufs Neue normal atmet, sind die Zeilen des Buches länger, alles wird (fast) wieder normal und liest sich wie ein Roman. Das Buch beschreibt eine Etappe, in deren Verlauf Taktik und Strategie das Geschehen bestimmen, aber immer auch der (Geschwindigkeits)rausch an der Tretkurbel. In die Gedankenwelt des Ausreißers mischen sich Freude, Schmerz, Wille, Wut, Aufopferung, Niedergeschlagenheit, Erinnerungen - ein Wechselbad der Gefühle. Begleitet vom Wind und nicht zuletzt dem Zeitmesser, dessen Sekundenzeiger sich unaufhaltsam weiterdreht, immer weiter.

Im April 2017
Jean-Bernard Pouy

## 54/1

Bei Kilometer 85 bin ich auf
einer Abfahrt ausgerissen.
Ich nehme Tempo auf.

## 54/2

Ab jetzt heißt es:
durchhalten, kontrollieren,
rechnen, leisten, was vor
mir niemand vollbracht hat,
alles ist stets einzigartig,
nichts wiederholt sich,
der Radsport schreibt
keine Weltgeschichte,
er hat sich aber etabliert,
es gibt nur Siege
oder Niederlagen,
weiß oder schwarz,
glänzend oder matt,
den Ruhm oder die Scham,
dazwischen liegt nichts.
Die Landstraße ist breit,
weit ausladende Kurven,

leichte Ideallinien,
korrekte Seitenstreifen,
ich streife einen.

## 54/3

Seit einigen Tagen reiße ich nach dem Start aus, ich tue nur so als ob. Das Scheinmanöver dauert nie lange. Taktik. Das erste Mal hat das Peloton reagiert, die Etappe endete entsprechend schnell. Danach, sobald sich die Flagge senkte, legte ich wie entfesselt los. Alle grinsten. Nach drei oder vier Kilometern wurde das Feld aufs Neue nervös. Nun hat es sich daran gewöhnt. Haha... der junge Wilde reißt mal wieder aus. Gelächter. Jetzt habe ich die Taktik geändert. Die richtige? Eher nicht. Georges' Miene verhieß nichts Gutes.

## 54/4

Ich schnappe nach Luft, der »zweiten«.
Meine Beine gehorchen mir - vorerst.
Das hat mir gerade noch gefehlt, dass
sie jetzt, in der Stunde der Wahrheit,
rebellieren, falls nötig, drohe ich ihnen.
«La petite reine» (Die kleine Königin)
wie das Fahrrad liebevoll genannt wird,
und der Radsport haben eigene Gesetze.
Wer sich in einer heißen Phase aufrichtet,
nachdem er geduckt fuhr, verliert zumeist.
Wenn der Glaube an den Sieg schwindet,
geht der Kopf nach oben oder - je nach
Siegchance - nach unten. Eine Frage des
Kopfes und der Haltung. Wenn man sich
aufrichtet, sagte ich mir, kehrt womöglich
das normale Leben zurück. Das ständige
Treten im Sattel ist keins: eine Tortur, ein
langsamer Tod. Und doch lieben wir die
kleine Königin.

## 54/5

Die Atmung: Gleichmäßig.
So lange wie möglich.
Voll konzentriert sein.

## 54/6

*Ich werde* bedeutet für mich nicht das Jetzt, sondern eher die nahe Zukunft, demnach werde ich vor allem versuchen, durchzuhalten. Dazu muss man die Route, das Rennen, die Anstrengung ausblenden, man muss den Schmerz verdrängen, den Schmerz in den Beinen, Oberschenkeln und Waden. Den verdammten Schmerz. Dafür gibt es Techniken. Jeder schwört auf seine eigene. Zum Beispiel an etwas anderes denken. Zig Gedanken sammeln. Ich habe meine persönliche Technik. Eine Methode besteht darin, in Gedanken vom Hundertsten ins Tausendste zu kommen, sich dann auf ein fürchterliches, stressiges Thema fokussieren, das unsere Birne ein paar Kilometer lang beschäftigt. Derartige Gedankenspiele helfen dabei, den Schmerz zu überlisten, wenigstens ein kleines Stück.

## Das erste Wegmüller'sche Gebot*

Ausreißen ist für jeden Radrennfahrer eine Frage der Ehre.
Schneller fahren, das Tempo vorgeben und dahinter jagt das Peloton.
Ausreißen bedeutet, auszubrechen, seine Freiheit wieder zu erlangen, eine Reise in die Ferne zu erleben, ein Anarchist zu sein.
Ausreißen bedeutet entfliehen - der Anonymität, der Familie, dem Team, der Menschenmenge, der Fabrik, oder: der Hölle der anderen entkommen, den Wind spüren, das Gefühl für das Tempo wieder bekommen, die Zeit unterbieten.
Das ist die Kunst der Flucht.
Sich am Tempo berauschen.
Komplize des Chaos werden.
Ausreißen, behaupten Sportjournalisten, ist ein Hold-up.
Der Täter wird bei der Verfolgung in der Regel gestellt und an die hierarchische Ordnung erinnert: eine Strafe, ein Misserfolg, ein Drama.
Der Täter wurde hingerichtet.
Dem ist nichts hinzuzufügen.

* *Die Quelle des Ehrenkodexes ist unbekannt. Er wird aber Thomas Wegmüller, einem Schweizer, zugeordnet, der wegen seiner selbstmörderischen Attacken in den Neunzigerjahren berühmt-berüchtigt wurde.*

## 54/7

Ich zog auf und davon, gut 500 Meter, ich mache Tempo, ich trete kraftvoll. Der Jungspund reißt mal wieder aus, jetzt reicht's, spotten sie im Peloton. Die Leute am Straßenrand sehe ich nicht, ich errate sie. Sie haben sich in Sternschnuppen verwandelt, ein Indiz für mein irres Tempo. Hinter mir brüllt Georges im Safrane. Eben noch sagte er, ich solle abbrechen. Nun motzt er: Was soll der Quatsch! Ihm ist unwohl: Ich reiße weiter aus. Georges schämt sich für mich.

## 54/8

Caupenne-d'Armagnac (km 83), der Luis-Ocana-Gedächtnispreis steht an. Die üppige Prämie von 30.000 Kröten holt sich Johan Museeuw. Dann kehrt ein bisschen Ruhe ein. Der ideale Moment, um anzutreten, die richtige Stelle zur richtigen Zeit.

Nun zählt nur noch die Anstrengung. Ich trete und trete und trete. Es geht nicht mehr bergab, eine Kurve folgt, jetzt haben sie keinen Sichtkontakt. Ich habe gute Beine, gut geölte Knie. Georges brüllt immer noch, ich bin taub. Ich fuhr sie allesamt in Grund und Boden.

Ich hatte kein Recht dazu, es war ein Fehler. Ich nehme ihn auf meine Kappe. Das Tempo sinkt. Sie werden es mir heimzahlen. Es wird die wahre Hölle auf Erden sein.

Noch drei Etappen bis zu den Champs-Élysées. Vielleicht wäre es besser, heute Abend auszusteigen. Alguimantas hätte ein Einzelzimmer oder er würde zu Fons ziehen: eine Einsparung fürs Team. Falls sie bis Paris unbeschadet durchkommen, empfängt man sie wie Überlebende einer dezimierten Mannschaft. Kilpis wird zufrieden sein, er wird die Artikel aus der Presse in die Heimat senden, nach Litauen. Wie heißt die Hauptstadt noch gleich? Ich weiß nie, ob es Riga oder Vilnius ist. Auch egal. Alguimantas käme möglicherweise ins Fernsehen. Das ist immer eine wahre Freude. Das Ende der Tour ist überschaubar. Noch drei Tage.

## Das zweite Wegmüller'sche Gebot

Das Publikum ist heilig! Ohne Publikum gäbe es keine Rennen mehr.

Und weil es heilig ist und dies auch weiß, ist es unberechenbar.

Man muss sich vor ihm in Acht nehmen. Das Publikum verbindet eine Liebe mit seinen Fahrern; es kann die schlimmste aller Dummheiten begehen.

Ein Zuschauer kann im letzten Moment die Straße überqueren.

Das Feld kommt für eine Sekunde vorbei, er musste aber zwei geschlagene Stunden an der Strecke ausharren. Er hat viel getrunken und gegessen und kann nicht mehr still stehen. Die Werbekarawane, ein Faschingsumzug im Hochsommer, unterhält ihn blendend.

Fährt sein Idol vorzeitig vorbei, ist er überrascht, liegt es hinter dem Zeitplan zurück, ist er verärgert.

Der Zuschauer verehrt sein Idol und nimmt ihm im letzten Fall das Schlafwagentempo übel. Lässt er sein Idol fallen, liegt er einem anderen Fahrer zu Füßen und ist auf den ehemaligen schlecht zu sprechen.

Mancher Zuschauer, eher schlichten Gemüts, sieht sein Idol lieber zu Boden stürzen statt wie eine Sternschnuppe vorbeiziehen.

Der Zuschauer ist unberechenbar

## 54/9

Teamchef Georges schreit nicht mehr. Ich mache derweil Tempo. Und es wäre tatsächlich idiotisch, so kurz vor Schluss auszusteigen. Ich habe bis heute durchgehalten, ein absoluter Erfolg bei meinem Tour-Debüt. Noch eine Etappe bis Limoges, der Porzellanstadt. Jetzt nichts mehr zerschlagen, die Wor-Truppe ist schon dezimiert genug. Ein Zeitfahren und Paris empfängt seine Heroen. Ein kleiner Anstieg zwischen zwei Weinbergen. Es ist schwer, den richtigen Rhythmus zu finden. Georges im Safrane muss sprachlos sein. Ich bin allein an der Spitze - schon fünf Kilometer lang. Das Feld reagierte nicht. Schwups, es geht bergab, den Beinen tut es wohl. Eine steile Abfahrt, ich mahle, ich schalte, ich bin schon ein Gigant. Giganten der Tour de France, ach was: Auf dem Papier, ja... Schaut man genauer hin, könnten sie nach der Zieldurchfahrt Pinguine sein, die auf ihre Rennräder gestützt, sich im Watschelgang ihren Weg bahnen. Sie sind alle vom Kampf gezeichnet, wie Pergament durchsichtig, hager, ausgemergelt. Ich bin ausgerissen, Jungs. Ich habe mich wegmüllerhaft verhalten. Inzwischen kenne ich die Gebote auswendig.

## 54/10

Zweiundvierzig Sekunden, brüllt Georges und übergibt mir einen Riegel. Der Maurer braucht eine Kelle, der unterzuckerte Fahrer Glucose-Riegel. Ich erinnere mich an zwei Typen bei der Dauphiné Libéré*, die ich auf Einladung als Amateur fuhr, um Erfahrung zu sammeln. Die beiden waren, wie sich herausstellte, Journalisten, aber nicht auf Mission für ihre Gazette aus dem Westen.

* *Einwöchiges Rennen in den französischen Alpen, gewissermaßen ein letzter Formtest. Das Pendant dazu ist in der Westschweiz die Tour de Romandie oder Spargel-Tour.*

Sie tranken sich bei den Gebirgsetappen durch alle Schnäpse. Ihre private Mission war danach beendet.

## Das dritte Wegmüller'sche Gebot

Es gibt keine andere Mechanik als diejenige, die in den Beinen steckt. Waden und Oberschenkel sind das Basismaterial. Das reicht vollauf.
Der Rennfahrer darf sich nicht von der Technik ablenken lassen.
Gewiss, das Rad verändert sich und wird sich weiter verändern:
Komplexität ist angesagt, die Lenker werden neue Formen haben, die Helme werden im Windkanal optimiert, die Abrollgeräusche der Carbon-Laufräder werden zunehmen, platte Reifen werden Geschichte sein.
Doch der Radrennfahrer wird nie einen Motor haben. Die Waden sind seine Antriebskräfte.*
Wenn der Herzfrequenzmesser anzeigt, dass man seine Grenzen überschritten hat, spürt, weiß und entscheidet der Fahrer allein, ob er ihm glauben soll.
Das Rennrad verheißt zuallererst einen Rausch.

* *Die Kontrolleure der UCI wurden vor einigen Jahren hellhörig. Sollten da etwa verbotene E-Motoren im Rahmen versteckt sein? Bei Kontrollen wurde geschraubt, gescannt - gefunden wurde nichts. Nur eine belgische Crosserin wurde mit einem elektrisch frisierten Rad erwischt und aus dem Verkehr gezogen. Doch der Verdacht fährt auch weiter mit: Wer im Sturzflug den Antrieb nicht abschaltet, riskiert, dass die Laufräder sich noch am Boden drehen.*

## 54/11

Wir fahren durch ein kleines Dorf. Es hat sich heute herausgeputzt. Alle Einwohner sind auf den Beinen. Schulklassen säumen, wie an einer Schnur aufgereiht, die Straßen. Die Abc-Schützen dürften sich gefreut haben: der Unterricht in Lesen und Schreiben fiel für kurze Zeit der Tour zum Opfer. Die Buben schwenken erwartungsvoll (und wie zum Dank) kleine Papierfahnen - die Trikolore.

## 54/12

Ich bin zufrieden, weil ich mir die Trinkflaschen mühelos schnappte. Ich habe als Wasserträger schon drei Etappen hinter mir. Es muss auf der fünften gewesen sein, als ich mit sechs Pullen durchs Feld nach vorne düste, nachdem ich mich zurückfallen ließ. Ich weiß nicht, ob ich dran war, auf jeden

Fall kam die Weisung von oben. Von Georges. Er hat das Sagen: »Halt die Klappe, du wirst dafür bezahlt.« Fécamp-Dünkirchen an einem 6. Juli war, zumindest auf dem Papier, *meine* Etappe. Der Geburtstag meiner Mutter fiel auf einen 6. Juli. Das zufällige Aufeinandertreffen wäre perfekt gewesen, hätte Georges, dieser Idiot, mir nicht fünf Pullen, plus meine eigene aufgebürdet. Ein Peloton von hinten aufzurollen, ist verdammt schwer: Kollegen finden, heranfahren (von links ist es weniger riskant), Flasche übergeben. Und als wäre das nicht schon anstrengend genug, muss man sich das Murren des Teamgefährten noch anhören: »Das wurde auch Zeit, Junge!« Als ich meine übrigen Kollegen versorgen will, liefern sich die Tempobolzer erbitterte Duelle, ausgerechnet in heimischen Gefilden. Dabei hatte ich mir gerade für diese Etappe sehr viel vorgenommen, nun war ich der Packesel vom Dienst. Das war schlimm. Noch schlimmer: Den Anschluss ans Hauptfeld wiederherstellen. Alguimantas sollte, so Georges, auf mich warten. Der Kerl ist bärenstark, einfach nicht totzukriegen.  In seinem Schlepptau fuhr ich 15 Kilometer. Falls in Litauen alle so sind, müssten eigentlich die Russen richtig Bammel vor den Litauern haben. Haben sie aber nicht.

## Das vierte Wegmüller'sche Gebot

Man weiss nicht, ob der Radrennfahrer ein Philosoph ist. Jedenfalls ist ihm die Dialektik fremd. Er muss siegen und darf nie verlieren. Der Erfolgszwang schließt eine mögliche Niederlage aus.
Der Rennfahrer ist ein Denker. Und für ihn bedeutet denken, Tempo zu machen. Die Regeln, die Gesetze sozusagen, sind ganz einfach: Wer mich mag, folgt mir, wer es kann, setzt mir nach, wer stärker ist, besiegt mich, wer die besseren Beine hat, fährt an der Spitze.
Alles Übrige ist nicht erklärbar, nicht wünschenswert, nicht zulässig.
Das Tempo ist der Fahrstil. Der Fahrstil ist die Seele, also der Mensch.
Die Strategie soll nur dem Schmerz entgegenwirken;
die Strategie ist die stumpfe Waffe derjenigen, die hinterherfahren.
Der Rennfahrer soll die Taktik bevorzugen. Schneller fahren. Schneller fahren so weit wie möglich. Schneller fahren so weit wie möglich und so lange wie möglich.
An der Spitze fahren und die Ziellinie überqueren.
Die weiße Ziellinie der Rosen.

## 54/13

Ich sehe Momo mit den Verpflegungsbeuteln, sie baumeln an seiner Schulter, meinen hält er in der Hand. Mit seiner roten Kappe sieht er wie ein Leuchtturm in der Brandung aus. Momo streckt den Arm aus.

Ich steuere auf ihn zu. Super gefahren!, ruft er. Ich richte mich im Fahren auf. Mein Rücken schmerzt, der Bauch ist wegen des Windes unterkühlt.

Ich krame im Verpflegungsbeutel und hole frische Pfirsiche, getrocknete Früchte, Glucose-Riegel, zwei Trinkflaschen hervor. Die eine stecke ich in den Halter, die andere leere ich gierig, verputze dann die Pfirsiche. Den Rest packe ich in die Rückentasche. Sie sieht ausgebeult aus. Lieber die Beulen hier als auf der »Tapete«.

## 54/14

3:20,00 min. zeigt mir der Ardoisier, der Offizielle auf seinem Begleitmotorrad, an. Ich höre Schreie, weiß aber nicht, wer da brüllt, ich muss wieder an das Drama, an unser Drama denken. Jean-Claude Killy, einst Lichtgestalt des Skisports (er holte 3-mal olympisches Gold 1968, Grenoble) und Ex-Präsident der ASO, erklärte, dass die Etappe Tarbes-Pau neutralisiert würde. Ihm blieb auch nichts anderes übrig. Das Feld passierte geschlossen die Ziellinie, zuerst Casartellis Kollegen vom Team Motorola. Killy hätte sich da heraushalten sollen. Seine Sportart ist im Gegensatz zum Skilanglauf und dem Radsport keine Ausdauerdisziplin. Die Slalomläufer und Abfahrer gehen kurz in die Hocke - und schwups - sind sie im Ziel. Zwei Minuten und sie haben ihren Job gemacht.

## 54/15

Hondeghen war ziemlich großspurig - so großspurig, dass wir um unseren Job bangten. Doch die Bankgarantie für die Lizenz war grundsolide und war beim Verband hinterlegt worden. Alles war formell in Ordnung. Nach der Ansprache des Patrons sollte es rund laufen und es lief auch rund. Die *Vierte Internationale des Rades*, hätte mein Vater beim Anblick der Fahrer gesagt, die sich auf ein einziges Ziel konzentrierten: sich demnächst bei der Tour zu profilieren. Alle saßen um einen grünen Tisch wie beim Billard herum. Im Hintergrund Hondeghen und Co. im feinen Zwirn. Die Weste spannte über dem Bauch, das Hemd blitzte zwischen den Knöpfen hervor, sein Teint war rötlich.

Generaldirektorpräsident oder »PDG« Jacques Hondgehen, so die offizielle Anrede, war Sponsor und Textildiscounter: Klamotten aller Art, namentlich Sportsachen. *Wor*, sein millionenschweres Imperium, ließ in Pakistan nähen. Übrigens sind noch keine pakistanischen Fahrer bei uns am Start; dabei gibt es »da unten« jede Menge Fahrräder; in China ist es ähnlich. Wenn die Chinesen bei uns starten, werden unsere Fahrer noch ihr blaues Wunder erleben. Im

Schwimmen nehmen sie uns ja die Medaillen weg.

Und was macht Hondeghen? Er sitzt vorm Fernseher und gönnt sich ein Bier. Seit dem Prolog haben wir ihn nicht mehr gesehen. Doch in Genf, er holte uns am Flughafen Cointrin ab, begleitete uns zur Skistation Le Grand-Bornand, gratulierte allen, sagte aber unverblümt, dass noch Luft nach oben wäre, und er zur Tour nicht mehr käme: Geschäfte, Termindruck, Herbst-/Winter-Kollektion. Er verfolge alles am Fernseher und lud uns zu einem Empfang am 23. Juli nach der Schlussetappe bei sich Zuhause ein. Mit allem Drum und Dran, versteht sich. Als wir ihn erstmals sahen - es ging um unsere Verpflichtung - verschlug es uns die Sprache. Er zählte viele Fahrer auf, die er bewunderte - alles große Namen, darunter auch den Schotten David Millar, allen voran Wegmüller, den Schweizer. Ich war ein bekennender Verehrer von ihm, Zweiter bei Paris-Roubaix (1988) und bei der Flandern-Rundfahrt (1992). Nach Karriereschluss verschlug es ihn nach Zypern, wo er sich auf den Rad-Tourismus spezialisierte. Da in unserer bunt zusammengewürfelten Formation niemand den anderen wirklich kannte, losten wir unsere Zimmergenossen aus. Mir wurde Bernard aus dem Limousin zugelost. Bleib an meinem Hinterrad, sagte Bernard und grinste, werde ich Zweiter, wirst du Dritter. Ich hätte ein Anrecht auf die Prämie, dachte ich. Im Radsport halten sich hartnäckig solche Vorstellungen.

## Das fünfte Wegmüller'sche Gebot

Der Radrennfahrer darf nicht auf die Außenwelt setzen.
Er muss die Zuschauer am Straßenrand vergessen, die ihn kaum sehen und die anderen, vor dem Fernseher, die ihn sehen, die er aber nicht sieht.
Falls er an all diese Leute denkt, die ihn beobachten, wäre es für ihn ein Energieverlust. Besagte Zuschauer stehlen ihm mit den Augen ein Stück Muskelfaser, die sie langsam genießen, was als Augenschmaus bezeichnet wird und rauben ihm somit ein Stück Muskelkraft.
Der Fahrer ist völlig allein, er ist derjenige, der in die Pedale tritt oder nicht, demnach entscheidet auch er allein darüber, ob er die Außenwelt wahrnimmt.
Lässt er seine Augen schweifen, verliert er das Ziel aus den Augen und die anderen schnappen ihm den Sieg weg.

## 54/16

Cornillet ist jetzt Schlusslicht. Es ist
schwer, diesen Platz zu verteidigen.
Wer ihn einmal innehat, möchte ihn
nicht so schnell loswerden, sonst
geht die mediale Aufmerksamkeit
verloren. Der Spitzenreiter muss
seinen Verfolger abhängen, logisch.
Je weiter, desto größer das Polster.
Der Letzte hat es ungleich schwerer:
Er darf ruhig Zeit verlieren, aber nicht
viel: die Angst vor dem Zeitlimit und
dem Besenwagen fährt ständig mit.
Ich gehe aus dem Sattel,
mir fehlt die »zweite« Luft,
ich spüre die Schmerzen,
ich spüre die Verfolger im Nacken,
ich spüre sie. Ich bin der Gejagte,
ich blicke nicht mal zum Ardoisier,
dem Offiziellen mit der Kreidetafel.
Ich beuge mich über den Lenker,
ich muss durchhalten. Ich denke an
das Schlusslicht,
an die Rote Laterne,
wie einst Lili Marleen:

rot wie
ein Hahnenkamm,
rot wie
die Revolution,
rot wie
ein Tropfen Blut
oder wie
der Plüsch eines Bordells…
Warum ausgerechnet den Allerletzten glorifizieren? Oder aber der Letzte wäre der Erste wie bei der umgekehrten Startreihenfolge beim Zeitfahren. Die Große Schleife bewältigen, also ab ihrem Prolog bis Paris. Dazwischen liegen nahezu drei Stunden in der Gesamtwertung, zwischen Indurain, dem Ersten, und Cornillet, dem Schlusslicht, zwischen dem Haupt- und dem Nebendarsteller.

Und überhaupt: was sind schon drei Stunden? Ein Vier-Gänge-Menü zum Beispiel, eine ausgiebige Siesta oder ein US-amerikanischer Film. Mit Indurain im Vorspann und Cornillet im Abspann.

**54/17**

Wir fahren Bus. Nicht etwa im Mannschaftsbus, sondern in der Gruppe der abgehängten Fahrer, dem Grupetto* - eine Leidensgemeinschaft, die sich im Hochgebirge aus Sprintern zusammensetzt. Ihnen sitzt die Angst im Nacken: das Zeitlimit oder die Karenzzeit dürfen sie nicht überschreiten, sonst droht der Rennausschluss. Deshalb: Einer für alle, alle für einen. In der Gruppe sind sie stark genug. Sollen sich die Bergfahrer, ganz vorne, die Pässe hochquälen, wir

* *Zeitlimit: Die Siegerzeit wird prozentual erhöht, gewöhnlich 10 Prozent. Je mehr Nachzügler im Grupetto, desto größer die Chance, nicht ausgeschlossen zu werden zu werden.*

quälen uns nicht mehr. Nur noch, um die Karenzzeit einzuhalten. Nun gilt es, einen kühlen Kopf in der Hitze zu bewahren. Wer auf eigene Faust »ausreißt«, riskiert viel. Er könnte bald einbrechen. Der Autobus hält nicht mehr, der Zeitplan ist eng. Der Abtrünnige ist ausgebrannt und fällt zurück. Es muss schrecklich sein, er ist bestraft worden. Jetzt kämpft er ganz allein gegen einen Gegner: den Besenwagen. Und der hält. Derweil surrt der Autobus weiter oben, mitunter ist er hinter dem Zeitplan zurück, nur selten liegt er davor. Jeder kann einsteigen, Schwarzfahrer sind nicht dabei. Es gibt keine Tickets. Man kennt sich ohnehin

Noch rund zehn Kilometer bis zur Weinstadt Bordeaux. Wir fahren durch die Banlieue. Nach dem satten Grün jetzt das triste Grau. Plötzlich ein Albtraum: Ein Fahrer hat mich überholt. Er ließ

mich regelrecht stehen. Jan, der
Deutsche, in seinem rot-weißen
Trikot. Klingeln im Ohr. Fons hat
mir einen Blick zugeworfen, der
besagte:
Nachsetzen.
Sie haben sofort zehn,
zwanzig Meter herausgefahren.
Ich dachte an meine Eltern,
daheim vor dem Fernseher,
meine Mutter weint,
mein Vater ballt die Faust.
Dreißig Meter.
Was ist das idiotisch!
Ich lege mich ins Zeug,
als gäbe es kein Morgen,
ich habe Schmerzen,
die Kehle fühlt sich
an wie Schleifpapier.
Der Abstand ist stabil.
Das darf nicht wahr sein!,
ich verkürze,
nur noch zwanzig Meter,
wieder aufschließen,
rankommen,
um jeden Preis.

Zu zweit,
mit Fons,
ist dieser *Boche**
eine leichte Beute.
Fünfzehn Meter.
Achterbahngefühle zu Hause.
Ich höre
Georges nicht,
weiß nicht einmal,
wo er steckt.
Zwei seiner Mannen
unter den ersten drei.
Ich schließe wieder auf,
unglaublich,
ich schließe wieder auf,
ich habe Wut,
ich habe Killerinstinkt,
ich habe Charakter,
letzte Körner** mobilisieren
wie die Reporter sagen.

* *»Boche« (Deutscher), ein Schimpfwort aus dem Zweiten Weltkrieg.*

** *»Streichhölzer abbrennen«, wie Lance Armstrong es nennt. Jedem seine Körner.*

Allez!
Pa-pa,
Ma-ma,
Pa-pa,
Ma-ma,
fünf Meter,
fast am Hinterrad.
Pa-pa,
Ma-ma,
ich habe aufgeschlossen.
Fons
dreht sich um,
er kann sich ein Lachen
nicht verkneifen.
Die Schinderei,
wie schlimm!,
ich bin
erschöpft.
Ich hänge an Fons' Hinterrad.
Ich höre
Geschrei,
vorhin war ich wie taub,
nun wird es wieder still,
das Herz rast.
[Fons deutet mir an,
mich links zu halten

- Blickkontakt...]
Ich verstehe:
er will sich den Deutschen
vorknöpfen,
er wird ihn verschlingen.
Lächeln,
Augenzwinkern,
jeder für sich,
die Prämie ist uns sicher,
ich lese alles
in seinen Augen.
Du kriegst die Prämie
und das Preisgeld,
jeder für sich.
Er will sich auf den letzten
zwei Kilometern absetzen.
Ich signalisiere ihm,
nichts dagegen zu haben, mir
aber die Etappe gehören wird.
Ich habe mich erholt.
Er fährt eine lange Ablösung.
Der Deutsche schwächelt
ebenso wie ich,
er ist buchstäblich »am Ende«,
pfeift aus dem
letzten Loch wie ich.

Noch sieben Kilometer.
Unterwegs
Geschrei,
Gebrüll,
all das höre ich nicht,
die Kilometerpfosten
fliegen vorbei,
mal schnell,
mal langsam,
es ist trügerisch,
kein Zeitgefühl mehr.
Ich habe Schmerzen,
sehr heftige.
Keine Entfernung.
Abstrakte Kilometer.
Der Deutsche ist Jan,
»hängt auf der Kante«,
er fährt eine Ablösung,
äusserst schwach.
Fons
ist jetzt
hinter mir.
Es zischt.
Jan hebt den Arm,
ein Defekt,
er hat einen Defekt,

die Vorentscheidung?
Geschieht ihm recht!
Ist der Reifen platt?
Vielleicht er?
Ich höre Autos
hinter mir,
sein Teamleiter
kommt näher,
vielleicht
will Jan nur
eine Auskunft,
Entwarnung:
Er hat keinen Platten,
Jan will
einen Taktik-Rat,
ihm geht die Muffe,
wir sind zu zweit
gegen ihn allein,
was soll ich tun?
Versuche, mich zu erinnern.
Was für ein Fahrertyp ist er?
Ein Sprinter? Ein Finisseur?
Ein Rouleur?
Ich weiß es nicht.
Er fährt hinter mir.
Nicht umschauen.

Das kostet zwei Sekunden,
eine Faustregel.
Es geht mir etwas besser.
Meine Beine wollen wieder,
vorhin spürte ich sie nicht,
der Schmerz war zu heftig.
Die Autos höre ich weniger,
sie entfernen sich,
ihr Abstand ist reglementiert.
Ich drehe mich um:
Jan ist nicht mehr da,
Fons macht Tempo,
gewinnt zwei Meter,
ich hätte mich nicht
umschauen sollen.
Ich gebe alles,
ich habe Sichtkontakt,
Fons dreht sich um,
lässt mich wieder aufschließen.
Ein Motorrad braust vorbei.
Schreie.
Große Aufregung:
zwei Wor-Fahrer
an der Spitze,
ich stelle mir vor,
was er schreit:

ein Belgier und
ein Franzose vorne.
Ein Showdown
zwischen
Fons Demoens
und Lilian Fauger.
Ganz einfach:
der Stärkste siegt,
ohne taktisches Geplänkel.
Die beiden Verfolger liegen
im Klassement weit zurück:
Platz 77 und 84,
also keine Gefahr.
Ein faires Finale steht an.
Wer die meisten Körner
hat, gewinnt.
Theoretisch Demoens,
der bessere Finisseur.
Vielleicht Fauger im Sprint,
wenn es denn dazu käme.
[Er könnte sich aus
der Affaire ziehen.]
Die Emotionen sind abgeklungen,
alles wird mechanisch,
es läuft wie geschmiert.
Kaum noch Schmerzen.

Georges prescht rechts vor.
Er schäumt vor Wut.
»Das ist ein Befehl,
Fons liegt vorne,
er siegt. Basta!«,
schreit er.
Ich verstehe nicht.
[Georges begehrt auf.]
»Logisch,
er liegt in Führung.«
[Ich mache eine
wegwerfende Handbewegung.]
»Neiiin!«, schreit Georges,
»Fons siegt, er gewinnt.
Du kriegst ‘ne Prämie.
Lass ihn
gewinnen«.
Ich verstehe nicht.
»Nein«, sage ich.
»Tu, was ich dir sage!«,
schreit Georges.
»Fons siegt,
das ist ein Befehl,
basta!
Du hast unterschrieben.«
[Noch zwei Kilometer.]

Ich sehe rot.
»So eine Scheiße.
Und was ist mit Jan?«,
brülle ich.
»Der ist abgeschlagen«,
schreit Georges.
»Hör zu,
ich werde es dir erklären.«
Den werde ich mir vorknöpfen,
denkt Georges.
[Er nähert sich, offene
Seitenscheibe, der Wagen
schlingert ein wenig.]
»Das ist halt so.
Du hast unterschrieben,
gehorche!
Was ist schon dabei,
du bist Zweiter,
echt super.
Es liegt in deinem Interesse.
Deine Chance wird kommen.
Mach', was ich dir sage!«,
brüllt Georges.
Ich ringe nach Worten,
will *merde*, Scheiße!, sagen.
Ich richte mich auf,

um Luft zu schnappen.
»Gib mir deine Flasche«,
sagt mir Georges.
[Ich reiche sie ihm.]
»Deine Pedalplatten!«,
schreit er.
[Ich fahre im Freilauf.]
Ich prüfe sie.
Fons hat
davon profitiert,
ist losgesprintet.
Ich gehe aus dem Sattel.
Achtzehn Meter
pro Pedalumdrehung.
Knochenhart.
Der Mistkerl.
Pa-pa,
Ma-ma,
Pa-pa,
Ma-ma,
der Teufelslappen,
die Anfeuerungen,
Bordeaux,
diese Scheißstadt!
Fons ist weit vorne.
Keine Autos mehr.

Achtzehn Meter
pro Pedalumdrehung.
Die Rufe.
Die Zielgerade.
Die Absperrgitter.
Die Ziellinie.
Fons
liegt vorne.
Chancenlos.
Ich sprinte.
Ich heule,
ich glaube,
ich weiß nicht mehr.
Menschenmassen.
Lautsprecher.
Ich trete.
Pa-pa,
Ma-ma.
Fons hält dagegen.
Er
reckt
die
Arme
in
die
Höhe.

**54/54**

Ich
bin
Zweiter,
Erster
von
den
Verlierern.
Man
hilft
mir
auf
die
Beine,
ich
sinke
in
die
Arme
von
Helfern
mit
Wor-
Kappen.

## 13/1

Ich sitze verschwitzt auf den Steinstufen der Saint-Denys-Kirche in der Rue de Turenne: Ein Rennfahrer auf einem Kirchenvorplatz, ein Märtyrer hat endlich den Platz eingenommen, der ihm gebührt.

Die Symbolik passt.

Heute setzen wir den Kreuzweg, die Tour der Leiden, nicht fort, sondern bummeln ein bisschen; auf der letzten Etappe überholt man einander nicht mehr, das wäre schlechter Stil. Das Gepunktete Trikot der Bergwertung - signalrote Punkte auf Weiß - und das Grüne Jersey des Sprintbesten sind ohnehin vergeben. Es ist der 23. Juli 1995, strahlender Sonnenschein über der französischen Metropole, perfektes Rennwetter, die Straßen sind fast verwaist. Die Pariser zog es an diesem Tag auf den Champs-Élysées - dort, wo normalerweise Touristen schlendern, wollen sie hautnah die Schlussetappe und seit 1975 den Schlusspunkt der Tour miterleben. Ich bin erschöpft, ich bin weit weg vom Renngeschehen, weit weg vom Drama.

## 13/2

Bei der Einfahrt in die Pariser Innenstadt ließ ich mich im Peloton abrupt zurückfallen und bog rechts ab. Ein paar Leute am Straßenrand riefen wild gestikulierend »hier geht's lang!«,

»hier geht's lang!«, doch ich fuhr unbeirrt in vollem Tempo in eine Avenue im Stadtteil Bercy und bog zweimal links ab, dreimal rechts ab, passierte eine Einbahnstraße, einen kurzen Buskorridor, ich hatte alle aus den Augen verloren, meine Welt, den Rest der Welt, jetzt war ich in Paris, nachdem ich vorher meine Startnummer entfernt hatte, ein Sonntagsfahrer, einer von vielen, die in professioneller Rennmontur, vorzugsweise im Trikot des Champions, Eindruck schinden wollen. Jetzt trat ich langsamer in die Pedale, holte tief Luft, alles war vorbei: die immense Anspannung war abgefallen, das irre Tempo Geschichte, ich hatte das Gefühl, als führe ich auf einer langen, abschüssigen Straße, ich musste rechts fahren, an roten Ampeln halten, sich plötzlich öffnenden Autotüren ausweichen und die Bäume inmitten eines Boulevards sahen so krank aus wie die in meiner Heimatstadt. Ich begann zu weinen, die Nerven lagen blank, es mussten die Nachwirkungen dieses dreiwöchigen Infernos sein, aber weinen war keine (Er) lösung, es kam mir vor, als ob ich nach einer Operation in einem Krankenhausbett läge.

## 13/3

Ich hielt ein paar Mal an den überdachten Bushaltestellen, um mich anhand des Stadtplanes zu orientieren. Als ich zur Bastille gelangte, war es so, als hätte ich sie, die Bastille, im

Sturm erobert. In der Ferne fuhr derweil das dezimierte Peloton den Champs-Élysées hinauf und herunter und wieder hinauf. Und mittendrin die Hoffnungsträger, die insgeheim von einem Sieg auf dieser schönsten Meile der Welt träumten.

## 13/4

Ich sitze auf den Steinstufen vor einer Kirche, alle müssen mich suchen und suchen Sie mal einen Radrennfahrer in so einem Umfeld. Ich wäre die berühmte Stecknadel im Heuhaufen. Von weit her dringt Orgelmusik zu mir herüber, das klingt nach Film. Wenn ich ihn wählen dürfte, wäre es das Werk *Fahrraddiebe** von Vittorio de Sica (1948). Großes Kino, immer noch.

Aber zurück zum Hier und Jetzt. Georges & Co. haben womöglich nicht einmal meine Abwesenheit bemerkt, womöglich waren sie - wie ganz Frankreich - überwältigt, als das

* *Vittorio de Sicas Meisterwerk des italienischen Neorealismus handelt von einem Arbeitslosen, der eine Arbeit als Plakatankleber findet. Dumm nur, dass er sein Fahrrad zu einem Pfandleiher brachte, das aber für seine Tätigkeit unerlässlich ist. Seine Frau verpfändet Bettwäsche, um das Rad auszulösen. Gleich am ersten Arbeitstag wird es gestohlen. Er entdeckt es auf einem Trödelmarkt, doch die Menge bedroht ihn, als er es zurückhaben will. Aus Verzweiflung stiehlt er ein Fahrrad, wird erwischt und festgenommen.*

Fahrerfeld seine Schlussrunden vor der historischen Kulisse des Triumphbogens drehte oder aber sie haben gesehen, dass ich nicht mehr im Rennen war - als ich abreißen ließ, gondelte ich fast am Ende des Pelotons herum, und sie müssen sich nun fragen, ob ich vielleicht gestürzt sei. Sie mussten »Radio Tour« alarmiert haben und blicken gebannt auf Alguimantas' violettes Trikot, rätselnd, wo ich wohl stecken mag.

## 13/5

Die drei letzten Etappen waren mir scheißegal, die jetzige ist noch nicht beendet und ich habe sie, *meine* Etappe, verloren. Mein Teamkollege siegte, schön für ihn. Er passierte auf Geheiß von oben als Erster die Ziellinie, als ob die Befehle immer von dort kämen, dabei kommen sie oft von weiter unten, und es ist sicherlich ganz normal, dass ich auf den Treppenstufen einer Kirche sitze, vielleicht erhalte ich auch welche von oben. Ich zittere, ich zittere, ohne dass es mir gelingt, mich von den Wadenkrämpfen zu befreien, weil ich weiß, weil ich spüre, dass meine Seele vor Hass und Enttäuschung zittert, teamintern ließen sie es nicht zu, dass ich *meine* Etappe gewinne, dabei war es vorherbestimmt, dass ich siegen würde. Fons brauchte ich nicht fürchten, ich fuhr aggressiv, hatte die nötige Wettkampfhärte, um ihn zu bezwingen. Andererseits hält man sich für einen Engel, wenn man im siebten Himmel schwebt, einem Himmel in hellem Blau wie der im Juli, und ich ließ mich düpieren.

Wie konnte es dazu kommen? Am Abend noch stellte ich mir - wie eine absurde Litanei - wieder und wieder diese Frage. Ich bewegte mich am Rand eines Abgrunds. In der Nacht spulte ich ein paarmal das Video der Schlussphase ab. Bild für Bild, vor allem die Schlüsselszene, in der ich überrumpelt wurde. Wenn Georges, dieser Trottel, mich nicht in ein Gespräch verwickelt hätte, nicht darauf bestanden hätte, meine Flasche an sich zu nehmen, um mir zu sagen, dass meine Pedalplatten nicht korrekt eingestellt wären, ja, ich hätte *meine* Etappe gewonnen. Ich war fast zwei Tage lang niedergeschlagen, was bist du doch für eine Null, die allergrößte, redete ich mir ein, die alte Garde profitiert von jeder noch so kleinen Gelegenheit, während die Fahrer der zweiten Reihe sie nicht nutzen, sie werden das nie können. Das macht den Unterschied aus, jedenfalls einen Teil, und nun weiß ich, dass ich nicht der Alleinschuldige war, ich ließ mich wie ein blutiger Anfänger aushebeln (gar zweimal), und deswegen sitze ich auf den Stufen der Kirche in der Rue de Turenne.

## 13/6

Bordeaux wird für mich immer ein Albtraum bleiben, den ich nie wieder loswerde, das war einfach zu viel: zu viele Geschichten gleichzeitig, zu viele Dinge, die aufeinanderprallten, zu viele Informationen auf einmal. Ja, ich kann wohl sagen, dass ich ausnahmsweise Glück hatte, und der Zufall es gut mit mir meinte, früher oder später spielt die Zeit keine ganz so große Rolle mehr, insbesondere dann, wenn ein Unglück selten allein kommt, denn gleich nach der Zielankunft, gleich nach der Siegerehrung und seit Casartellis Tod werden die Zeremonien zum Glück so schnell wie möglich abgehakt, als ob die Trauer bei dieser 82. Tour nie der Freude weichen dürfte, die Rosensträuße ähnelten Blumenkränzen mit Trauerflor, die Hostessen gaben auf offener Bühne, doch zur Unzeit Küsschen. Fons wurde zur Dopingkontrolle aufgerufen. Wenn's passiert, dann passiert's, musste er fatalistisch gedacht haben. Er war nervös, sein Herz schlug wild, keine zwei Stunden nach seiner Kontrolle sickerten Informationen durch. Fons, der mir den Sieg gestohlen hatte, ohne es gewollt zu haben, war positiv auf ein cortisonhaltiges Mittel getestet worden. Es war unglaublich, aber wahr. Eine lähmende Stimmung lag über dem Team, falls man dazu überhaupt noch Team sagen konnte: es zählte nur noch drei Fahrer und die Techniker waren deutlich in der Überzahl.

## 13/7

Fons wurde disqualifiziert, ich gewann die Etappe auf dem Papier. Ich siegte einsam, ohne Publikum, ohne Applaus, ohne Siegerpose. Nach dem Bekanntwerden der Disqualifikation lag ich am Abend auf der Massagebank, gedankenversunken passierte ich als Erster die Ziellinie, ohne dabei die Arme in die Luft zu recken, ohne die Hände fest an mein Gesicht zu pressen, ohne dem Himmel für den göttlichen Beistand zu danken, ohne meiner Familie zuzuwinken, ohne meinen Kopf in die Fernsehkameras zu halten. Ich gewann die Etappe, den Kopf tief über den Lenker gebeugt, den Unterlenker fest umklammert, den Blick auf die Vorderradnabe gerichtet, das Gesicht schmerzverzerrt. Ich siegte quasi am »Grünen Tisch«, ohne wirklich gewonnen zu haben, die schlimmste Art und Weise überhaupt: ein Sieg für die Statistik, ein Sieg ohne Glanz.

## 13/8

Fons des Dopings überführt und von der Tour ausgeschlossen, verließ im Morgengrauen das Hotel durch eine Hintertür - ganz so, als wolle er unerkannt abreisen oder wie Kriminelle, die im Untergeschoss eines Justizpalasts mit der Grünen Minna abtransportiert werden. Jedenfalls fand die 18. Etappe von Montpon nach Limoges ohne ihn statt. Ein Wagen brachte Fons zurück nach Belgien, seinem Heimatland.

Die ganze Nacht über hatte Fons geheult, geschrien, drei- oder viermal ist er in mein Zimmer gekommen, um mir zu erklären, dass er nie Anabolika geschluckt oder gespritzt habe; dass man es glauben müsse; dass Doping nicht sein Ding sei; dass ich ihn seit Langem kannte und all das wissen müsste; dass ich es also glauben müsste, und ich glaubte es nicht, meine Etappe war im Eimer, mein sicher geglaubter Etappensieg war für immer futsch, die ganze Schinderei umsonst.

Fons verkündete lauthals, dass diese Dopinggeschichte nicht stimmte, die B-Probe, die Gegenanalyse, würde die Wahrheit ans Licht bringen, im Labor hätten sie seinen Harn mit Fremdurin vermengt oder gar vertauscht. Mein Zimmergenosse Alguimantas schäumte vor Wut, er wollte nur schlafen. Der arme Litauer verstand nicht mehr, was in seinem Team vorging, falls man dazu überhaupt Team sagen konnte. Ich zog in Fons' Zimmer ein und bat ihn, sich zu beruhigen; dass der Ausschluss nicht schlimm war; dass mir das Ganze völlig schnuppe war; dass mein Beinahe-Sieg unter regulären Bedingungen ein Sieg war; dass wir Jan, den Deutschen, düpiert hatten, oder? Jan wurde Dritter, das war noch schlimmer zu ertragen und dass es toll war, dass unser Team die Etappe gewann. Egal ob Fons oder ich die Nase vorn hatte, es war gehupft wie gesprungen. Das sollte man abhaken. Und während ich das alles sagte, dachte ich *genau* das Gegenteil, ich hielt den Typ für einen weiteren Rivalen. Ich schämte mich, es zu sagen, aber ein Gefühl des Mitleids überkam mich, vielleicht musste er wirklich naiv sein, um mit einer verbotenen Substanz, noch dazu leicht nachweisbar, in eine Dopingfalle zu tappen, einem Präparat, mit dem man bei der allerersten Manipulation auffliegt.

Der positive Dopingbefund machte die Runde, allen verschlug es die Sprache, von der Schnelligkeit ganz zu schweigen und langsam, als ob das Gefälle immer noch tückisch glatt wäre, als ob die Fingerspitzen an einer Eiswand abrutschten, ist Fons zusammengebrochen und das Lügengebäude gleich mit. Ja, die Nacht, die Müdigkeit, die Erschöpfung und ja, meine Geduld, die vielleicht die Beichte auslöste, all das wurde für ihn unaufhaltsam: zehn Jahre futsch, die vielen Trainingskilometer, die vielen Momente voller Hoffnung, die vielen Rennen in Erwartung des Sieges. Zehn erfolglose Jahre können verdammt lang sein.

Die Welt des Profi-Zirkus mit all den Equilibristen und Pedalrittern stürzte in der Stille der Nacht ein. Fons wurde, als kannte man ihn schon gar nicht mehr, die abendliche Massage verwehrt, eine Sanktion, deren Bannstrahl ihn traf. Sein Zusammenbruch hat mir wehgetan - trotz des verpassten Sieges versuchte ich, was geschehen war, ungeschehen zu machen. Unseligerweise versuchte ich, ihn zu beruhigen und damit zu trösten, dass die Tour, die Radrennen, die Radsportwelt zu brutal waren; dass er nunmehr das Glück hatte, dieser Hölle zu entkommen; dass die hochklassigen Rennen nicht mehr unser Terrain waren; dass wir nie umjubelte Helden sein werden, Halbgötter gar, die die Menschenmassen entflammen; dass wir nicht das Zeug zur Legende haben. Was uns, den Domestiken, bleiben wird, sind das Leiden, die Stürze, das Wasserholen, die Führungsarbeit, das Bellen der kleinen Chefs, die sich aufplustern (aber nicht beißen), das Wasser, mit dem uns die »Wasserschütter« an den Bergpässen duschen, die Anschubhilfe am Allerwertesten bei steilen Aufstiegen, die Beleidigungen und der Krach mitten in der Nacht, ein Gespräch bei dem niemand mit dem anderen sprach, wo ich ganz allein redete, wo Fons ganz allein weinte, über sich jammerte, mir zuhörte, ohne mich zu hören, ein Monolog, der schließlich in ein Geständnis mündete.

Mein Bett glich in der nächtlichen Stille in dem Zimmer des Hotels *Climat* in Bordeaux einem Beichtstuhl und Fons, psychisch erschöpft, hat alles gebeichtet: dass er am Rand des Abgrunds stand, dass er am Vortag nicht mal mit dem gemächlichen Tempo des Pelotons mithalten konnte, dass ihn die Angst packte, dass sein Herz raste, dass seine Waden verhärtet waren, dass es drei Tage vor dem Ende der Tour idiotisch war, aufzugeben. So idiotisch, dass ihm der Gedanke daran unerträglich erschien, dass die Wahrscheinlichkeit vom Besenwagen aufgesammelt zu werden, eine Horrorvorstellung war, ein antibelgischer Gedanke, der dem Image einer Radsportnation wie Belgien nicht entsprach, das Schlimmste, was einem Belgier passieren könnte, das Schlimmste, was in der belgischen Sportpresse stehen könnte. Kurz: ein Horrorszenario.

Er hatte gegenüber Raymond, unserem Mechaniker - ein echtes Urgestein -, nicht locker gelassen, das den Schmerz aus erster Quelle kannte. Raymond wusste, dass er unvermeidlich ist, wenn der Wille fehlt oder nicht mehr existiert, denn es gibt Augenblicke, in denen er verloren geht, der Schmerz ist zu heftig, der Radrennfahrer weint, denkt nur an seine Lage - die letzten Willensreserven verpuffen endgültig im Schmerz. Raymond verstand, dass Fons an diesem Wendepunkt angelangt war und die Tour nicht mehr fortsetzen könnte, sagte aber auch, dass das Cortisonpräparat, das er besorgen konnte, nicht unbedenklich sei. Sein Rücken war seit einem Autounfall vor längerer Zeit lädiert, weswegen er es nahm, um während der Tour schrauben zu können. Hinzu kam eine Skoliose, eine Verkrümmung der Wirbelsäule, wie sie bei Spitzenfahrern auftritt, die ihm zu schaffen machte. Dank des Kortisons, Teufelszeug und Segen zugleich, konnte er sich noch vor eine Tretkurbel hocken, um die Ritzel wirbeln zu lassen. Die Wahrscheinlichkeit als Doper erwischt zu werden, war für Fons so groß wie ein Sechser im Lotto, also nahe null.

Raymond hatte ihn zumindest gewarnt und weil Fons sich sicher war, nicht erwischt zu werden, gab er ihm sein Medikament. »Was für ein tolles Gefühl«, sagte Fons lächelnd, es war das einzige Mal, dass er in dem Zimmer dieses trostlosen Hotels gelächelt hatte, der Schmerz in den Waden und Oberschenkeln war immer noch da, aber weit weg, als ob er sich plötzlich verzogen hätte. Als Jan hinter mir antrat, konnte Fons mühelos mithalten, er glitt nur so dahin, es war schon toll. Jan hatte die Führungsarbeit geleistet, so dass er am Ende physisch ausgelaugt war und als das Duo mich eingeholt hatte, war der arme Kerl wütend - auf einmal hatte er gleich zwei Wor-Fahrer gegen sich. Der Etappensieg war dem Team Wor nicht zu nehmen, und er erinnerte sich gut daran, dass Fons mir zu verstehen gab, dass der Sprint loyal ausgetragen würde, er wusste, dass ich einverstanden war, dass es das Gesetz des Sports war. Ich hielt mich zu seiner Überraschung im falschen Moment an Georges' Wagen fest, dem einzigen Moment, in dem es noch möglich gewesen wäre, an Fons' Hinterrad zu springen. Er war verblüfft, dass mir solch ein Anfängerfehler passierte, einen Moment lang glaubte er, dass er mich reingelegt hatte, erst an meiner Miene und den Tränen merkte er, dass irgendetwas schiefgegangen war.

## 13/9

Ich stehe zur Gebetsstunde mit meinem Rennrad vor der Kirche in der Rue de Turenne. Eine alte Frau blickt mich verwundert an, denn zu dieser Stunde kommen keine Radrennfahrer mit ihren Rädern hierher. Ohnehin bekreuzigen sie sich bereits vor dem Start oder auf der Rampe beim Zeitfahren.

Fons hatte tatsächlich in der Nacht gebeichtet. Er wäre nicht der einzig Schuldige, aber trotzdem schuldig. Ihm drohte der Verlust der Lizenz und eine Sperre, das war so sicher wie das Amen in der Kirche. Er war derart aufgewühlt, dass ihm ein Beruhigungsmittel verabreicht werden musste, danach fand er, erschöpft, sofort in den Schlaf. Als ich frühmorgens erwachte, war Fons verschwunden, er musste sicherlich von noch stärkeren Schuldgefühlen geplagt worden sein als am Vorabend. Ich hätte nicht an seiner Stelle sein mögen. Ich für meinen Teil musste mich zur Einschreibkontrolle im »Village Départ« einfinden und das Imponiergehabe und die Lobeshymnen der Leute über mich ergehen lassen. »Glückwunsch für die gestrige Etappe, die sie nicht gewonnen haben, doch was für eine tolle Soloflucht« (O-Ton). Ich musste mich aufraffen, um die drei letzten Etappen - zweieinhalb genau - hinter mich zu bringen. Es war, als würde ich mitten im Peloton von einem Starrkrampf befallen. Ein Großteil der Fahrer musste sich nicht mehr beweisen, es war schon ein Achtungserfolg auf den Champs-Élysées anzukommen. Armstrong siegte in Limoges, er streckte die Arme demonstrativ zum Himmel, eine letzte Ehrerweisung für seinen toten Kumpel Casartelli. Nichts wird den Italiener wieder zum Leben erwecken, nicht einmal der Sieg seines Freundes. Fortan war Casartelli im Garten Eden - dort, wo Tretkurbeln und Ritzel überflüssig sind. Am nächsten Tag fand ein Einzelzeitfahren um den Lac de Vassivière im Département Limousin statt. Angefressen bestritt ich gemächlich diese vorletzte Etappe und landete auf den hinteren Plätzen, war aber noch im Zeitlimit. Am heutigen Vormittag stand die Schlussetappe von Sainte-Geneviève-des-Bois nach Paris an. Und dann war da noch die Kirche Saint-Denys-du-Saint-Sacrement mit ihren Steinstufen, wo mir Weihrauch in die Nase stieg.

## 13/10

Doch wenn ich präsent bin, dann hat das schon seinen Grund. Ich muss eine andere weiße Linie passieren, die einzige, die wirklich zählt, damit ich wieder ich selbst bin und in den Spiegel schauen kann. Und falls ich nie mehr eine Etappe gewinne, so fühlte ich mich mitten im Peloton wohl, denn während der letzten drei Tage ließ ich Raymond, Inbegriff eines Inquisitoren, nicht mehr aus den Augen. Aber es diente einem guten Zweck und ich habe Recht gehabt, denn ich machte eine Entdeckung, zwar keine außergewöhnliche, auch keine weltbewegende Sache, die einem hinter einer Kirchensäule zufällt, aber immerhin: Raymond saß in Georges' Fahrzeug und war in die Verhandlungen mit Hondeghen über Mobilfunk involviert. Es war wie ein Rückfall in eine andere Zeit, in die Zeit des Kalten Krieges. Selten hat er sich so frostig angefühlt: geheime Absprachen, Codenamen, kryptische Anspielungen. Während Raymond unsere Zeitfahrräder präparierte, habe ich ihn in

Verlegenheit gebracht. Er nahm sich gerade Alguimantas' Rad vor und kettete auf dessen Wunsch dreiundfünfzig elf, ich hingegen ließ ihm freie Hand und spürte, dass er ein Problem hatte. Nichts war wie sonst. Vorher hatte er immer einen lockeren Spruch auf den Lippen. Nun verteufelte er das Material und mied den Blickkontakt mit den anderen, er musste noch Angst vor einem Bumerang-Effekt haben, Angst davor, dass Fons auspacken würde und ihn in die Mauschelei verwickelt, was ziemlich unwahrscheinlich war: Fons hatte einen Fehler gemacht und würde schweigen. Raymonds Rente rückte unaufhaltsam näher, er wird aber noch ein bis zwei Jahre schrauben, denn dazu liebt er die Tour zu sehr, als dass er sich die nächsten beiden Austragungen im Fernsehen anschaut. Ich sagte ihm ins Gesicht, dass ich um einen Etappensieg gebracht wurde, und er daran mitschuldig war.

Ich habe gesagt, was ich wusste und erpesste ihn gewissermaßen. Das war nicht nett, aber erhellend: Raymond murrte kurz, es tat mir leid, einen alten Mann, der bei meinem Debüt assistierte, derart zu nerven. Ich sprach mit ihm über die schöne Zeit im Radrennklub Bergues, dessen Stallgeruch ich kannte und sagte, dass es keine Option gab, den Radsport zu retten, den wir so sehr liebten.

Raymond hat mir alles, wenn auch nur häppchenweise, erzählt, während ich damit beschäftigt war, die Radnabe zu demontieren. Ich hatte ihn aus der Reserve gelockt. Aber der Reihe nach. Raymond saß in Georges' Wagen, anfangs glaubten beide nicht ernsthaft an meine Soloflucht, als aber mein Vorsprung auf zwei Minuten anwuchs, änderte sich von da an alles. Georges telefonierte mit Hondeghen und als ich Roquefort passierte, als das Fernsehen die Schlussphase der Etappe übertrug, überschlugen sich die Ereignisse. Hondeghen war auf der Suche nach frischem Kapital, es ging um Übertragungs-, Vertriebs-, Exklusiv- und Interviewrechte. Raymond begriff nicht, wovon die Rede war, indessen verstand er, dass es nicht rund lief und sich das Interesse an meiner Person in Grenzen hielt, dass die nationalen Fernsehstationen vor Ort waren; sie hatten bereits Bilder ausgestrahlt, bereits alles gesagt, Archivbilder über meine Wenigkeit zusammengetragen, sie verstanden nicht, warum sie jetzt mehr zahlen sollten, während es am anderen Ende der Telefonleitung sehr laut war, ein leichter Anflug von Panik war zu hören.

Fons und Jan waren abgeschlagen; als sie aber fulminant antraten und ihr Rückstand stetig schrumpfte, schöpften Georges und Hondeghen Hoffnung und kümmerten sich wieder ums Alltagsgeschäft. Und als die beiden Verfolger sich bis auf einen Kilometer an mich herangekämpft hatten, schlug die Nachricht wie eine Bombe ein: Hondeghen hatte es geschafft, frisches Geld für Exklusiv-Verträge mit Fons aufzutreiben, freilich unter der Bedingung, dass Fons gewinnen müsste. Ganz so knallhart wurde es zwar nicht eingefordert, doch machen Sie in Belgien mal eine exklusive

Reportage über jemanden, der Zweiter oder gar nur Dritter ist - so was funktioniert nicht. Für den Ersten hingegen interessiert sich ganz Belgien. Das Publikum war in Wallonien aus dem Häuschen, als ein gewisser Johan Bruyneel* siegte. Er war von heute auf morgen so bekannt wie der König der Belgier.

Als Fons und ich uns wiedersahen, verhielt sich Georges auffallend diplomatisch - aus reinem Eigeninteresse. Er bat mich, dem Belgier den Sieg zu überlassen, wohl wissend, dass ich damit nicht einverstanden wäre, wohl wissend, dass Fons auch nicht einverstanden wäre, dass ich dem Duell aus dem Wege ginge, wohl wissend, dass alles sportlich zugehen würde. Hondeghen jedoch konnte auf einen solchen Batzen Kohle nicht verzichten und für Raymond - er vernahm die Nachricht etwas irritiert - wäre es ebenfalls ein warmer Geldregen gewesen, der ihn auf seine alten Tage finanziell abgesichert hätte. Und mit einem Etappensieg wie diesem hätte das Team eine Zukunft, und so weiter und sofort. Kurz: Hondeghen wies Georges an, mit mir zu sprechen, mich zu überzeugen und mich in dem Moment aufzuhalten, in dem Fons antreten würde, und da er zweifellos besser sprintete als ich, wäre das Duell in allen Ehren ausgegangen.

* *Sportlicher Leiter des Teams US Postal (später Discovery Channel) um Lance Armstrong.*

## 13/11

Und während Raymond mir gegenüber diese Mauschelei zugab, erlebte ich erneut jenen Moment, in dem Georges im Safrane an meiner Seite auftauchte und mit mir redete, genauer gesagt nach Worten rang. Er spielte auf Zeit, was ich, arglos wie ich war, nicht vermutete. Ich hatte gar Lust im Freilauf zu fahren und mich an der Wagentür festzuhalten. Es waren kleine Geschehnisse, die jenem Moment vorausgegangen waren, als Fons wild entschlossen aus dem Hinterhalt antrat. Ich ließ all diese Sekunden Revue passieren, in denen ich nur des lieben Geldes wegen und des verdammten Fernsehens düpiert wurde, während ich beim Zeitfahren immer wieder ins Grübeln kam. Ich spulte die Etappe ab, ohne an meine Grenzen zu gehen und landete im Niemandsland des Klassements: Platz 75.

Die Kommentatoren mussten mein mäßiges Abschneiden auf die Müdigkeit vom Vortag zurückgeführt haben. Ich dachte den ganzen Morgen darüber nach, wie ich mich verhalten sollte. Sollte ich den wahren Hintergrund verraten? Wenig wahrscheinlich. Ich hätte die ganze Radsportwelt gegen mich, schon die Art und Weise, wie ich ausgerissen war, war so manchem Fahrer immer noch ein Dorn im Auge, auch wollte ich den fragilen Mythos nicht zerstören, der sich noch um uns rankt, wie etwa der einsame Kampf gegen den inneren Schweinehund, gegen die Uhr, gegen die Schmerzen. Und dann habe ich an die Zukunft, meine eigene, gedacht, an das, was ich machen könnte, im Wissen, dass ich auf eine perfide Masche hereinfiel, die *mein* Etappensieg kostete und ich habe gespürt, dass ich das Rennrad immer noch liebte und es immer lieben werde, aber das Rennen hatte nicht mehr diesen mysteriösen und ergreifenden Charme, etwas war wie ein Bremszug abrupt gerissen, und ich habe an Casartelli denken müssen, seinen Tod, nicht auf dem *champ d'honneur*, dem Feld der Ehre, sondern auf dem der Schmach, ohne es wirklich zu wissen.

Ich habe indessen gewusst, dass ich mich aus diesem Radsport-Zirkus wie ein Gladiator zurückziehen werde, der sich im Angesicht einer tödlichen Stichverletzung davonmacht, und ich habe gewusst, was ich machen musste, machen werde; ich saß auf den Stufen der Kirche in der Rue de Turenne und dachte über die verdammten Wegmüller'schen Gebote nach, ich suchte vergebens nach einem Kapitel, einem Gebot, das noch fehlte, das ich selbst hinzufügte: Laufrad, Zeit, Zyklus, Freiheit, Anstrengung, Leiden - all das verträgt keine Manipulation; manipulieren kommt von *truccare* aus dem Italienischen, was schminken bedeutet. Der Fahrer, sieht man von seiner Beinrasur, den Massageölen oder der Hautcreme (mit dem richtigen Lichtschutzfaktor) einmal ab, setzt Leib und Seele ungeschminkt dem Wind aus.

Ich stehe auf, meine Beine schmerzen, es fällt mir schwer, sie zu beugen, sie sind derart steif, als wären sie Gliedmaßen einer Statue aus Bronze. Ich schnappe mir mein Rad, schiebe es mit einer Hand am Lenker neben mir her, auf einmal finde ich es federleicht, überquere die Straße und höre plötzlich aus dem Fenster einer Parterrewohnung die Schlussphase einer Etappe im Fernsehen, die Schlussetappe der Tour, die Schlussrunde, bei der ich nicht dabei bin, und ich warte darauf, dass jemand das Gebäude betritt oder verlässt. Der Hauseingang ist gut gesichert, die Superreichen schotten sich ab, und ich frage mich, ob Hondeghen gerade herumtelefoniert, um zu wissen, wo ich, einer seiner zwei verbliebenen Fahrer, wohl stecke.

Ich nähere mich dem halb offenen Fenster und vernehme, dass im dichtgedrängten Peloton die Ellbogenduelle beginnen, alles deutet auf einen Massensprint hin, vielleicht wird »Abdou« (Abdoujaparov) ihn auf seiner Schlussetappe endlich gewinnen, er war 1991 gestürzt, vielleicht gibt es doch eine ausgleichende Gerechtigkeit und ich sagte mir, dass ich auf den Champs eine Chance gehabt hätte.

Begleitfahrzeuge sind verbannt, um die Sicherheit des Spektakels nicht zu gefährden. Ich höre, dass sich im Feld ein Sturz ereignete, die Journalisten brüllten, als gäbe es ein Tor zu bejubeln. An der Place de la Concorde nahe der Zielgeraden war es sehr rutschig. Ich erfahre, dass Alguimantes, der letzte übrig gebliebene Wor-Fahrer, bei Tempo 70 auf dem Pflaster aufschlug. Es bricht mir fast das Herz und ich kämpfe mit den Tränen. Noch während ich sinniere, will eine Frau mit Kinderwagen ins Freie treten, ich halte ihr die Tür auf, zwinge mich zu einem Lächeln und gehe hinein.

## 13/12

»Hondeghen, 3. Stock« steht unten am Briefkasten. Ich nehme nicht den Aufzug, ich bin mit dem Rad da. Treppensteigen hat im Grunde nichts mit der Kunst des Radfahrens gemein - es sei denn, man ist Cyclocross-Fahrer. Ich gehe hinauf, trotz der Schmerzen in den Beinen.

Dritter Stock, eine große, weiß lackierte Holztür. Am Klingelschild steht »Jacques Hondeghen und Marianne Dutoît«. Ich lausche an der Tür, der Fernseher läuft im Hintergrund, dazu lautes Stimmengewirr, die Atmosphäre ist offenbar aufgeheizt. Ich klingele und hebe mein Rad in die Höhe. Die Holztür geht auf, der leibhaftige Hondeghen steht vor mir und sieht mich an, als sei ich ein Engel der Apokalypse.

Noch ehe er überhaupt etwas sagen kann, knalle ich ihm mein Rad ins Gesicht. Er gerät ins Wanken und fällt rücklings zu Boden, ich hebe mein Arbeitsgerät auf, stemme das Rennrad, als sei es eine Hantel, und schleudere es mit voller Wucht ein zweites Mal in Richtung Hondeghen. Ich sehe, wie ein Pedal über seine Stirn schrammt. Bevor sie zu bluten beginnt, gehe ich hinaus und feuere die Tür ins Schloss.

## 13/13

Die Tour war vorbei. Ich hatte die weiße Ziellinie passiert.

## Das sechste Wegmüller'sche Gebot

Das Wesen eines Radrennfahrers muss von großer Vorsicht seiner Seele geprägt sein.
Er kennt den Verlauf eines Rennens nie im Voraus, was er indes kennt, ist der gefürchtete Schmerz in den Beinen und in der brennenden Brust, er wird versuchen, ihn zu überwinden.
Der Rennfahrer ist leichtfüßig, schmächtig, hager oder muskulös und angespannt. Er scheint jung, zurückhaltend, bisweilen verschlossen zu sein. Außer Atem, verbirgt er sich hinter einem Schweigen.
Der Rennfahrer weiß, dass er oft ein einfacher Arbeiter bleibt, der sich an klare Regeln hält, seinem Unternehmen vertraut und für einen Kapitän fährt. Doch er kann ein Revolutionär sein, wenn er sich in einem bestimmten, nicht kontrollierbarem Moment gegen ein Gesetz auflehnt und versucht, die Ordnung seiner kleinen Welt brachial zu verändern.
Tritt in die Pedale Kamerad, bis dir das Lactat in die Oberarme steigt! Die alte Garde ist dir auf den Fersen... Denn nach und nach holt dich die Realität wieder ein: Schmerzen, nicht enden wollendes Pech, kleinkarierte Aktionen, verworrene Geschichten...

**Jean-Bernard POUY**
wurde 1946 in Paris geboren, wo er auch lebt. Nach dem Studium der Kunsthistorik (Schwerpunkt Film) arbeitete er als Lehrer, Journalist, Lektor und Drehbuchautor. Seine Romans noirs - lies: Thriller - wurden mehrfach ausgezeichnet, darunter mit dem Grand Prix de la Ville de Reims (1986), dem Prix Polar (1989), der Trophée 813 du meilleur roman (1992), dem Prix Paul Féval (1996) und dem Prix Polar Michel Lebrun (1999) für »Larchmütz 5632«. Sein Roman noir »54 x 13« wird regelmäßig als Theaterstück in Frankreich aufgeführt.

## RANDONNÉE

***Ein Ultracycling-Tagebuch***

Zwischen 2010 und 2013 hat David Misch einige der schwierigsten Ultracycling-Wettbewerbe bestritten und dabei zahlreiche Erfahrungen, positive wie negative, gesammelt. Seine Erlebnisse teilt er in einer Mischung aus Nacherzählung und Tagebucheinträgen mit. „Randonnée“, französisch für „Ausfahrt“, „Tour“, ist eine Reise durch den Ultracycling-Sport und alledem, was damit zusammen hängt.

*Softcover,*
*17 x 24 cm,*
*256 Seiten,*
*durchgehend reich bebildert (4c)*

*ISBN:*
*978-3-902480-41-5*
*Preis: € 19,90*

*ISBN E-Book:*
*978-3-902480-61-3*
*Preis: € 9,99*

## ANQUETIL

***Mit Leib und Seele***

Eine Liebeserklärung von Schriftsteller Paul Fournel an den französischen Rad-Superstar Jacques Anquetil: „Ich war zehn Jahre alt, ich war klein, rundlich und hatte braunes Haar. Er war groß, schlank, blond und ich wollte so sein wie er. Ich wollte sein Rennrad, seine Erscheinung, seine Nonchalance, seine Eleganz besitzen. Zugleich hatte ich mein Vorbild und mein Gegenbild gefunden."

*Hardcover,*
*14 x 21 cm,*
*160 Seiten,*
*schwarz-weiß bebildert*

*ISBN:*
*978-3-902480-85-9*
*Preis: € 19,90*

*ISBN E-Book:*
*978-3-902480-12-5*
*Preis: € 9,99*